Emosyon Mwen Yo

PÈ

Yon Liv Crabtree Rasin

AMY CULLIFORD
JEAN-PIERRE GASTON

Crabtree Publishing
crabtreebooks.com

Sipò Lekòl A Kay Pou Moun Kap Bay Swen Ak Pwofesè Yo

Liv sa ede timoun yo grandi lespri yo nan kite yo pratike lekti. Men kèk kesyon kap ede lektè a bati konpreyansyon konpetans yo. Epons posib yo parèt an wouj.

Anvan Lekti:

- De kisa mwen panse liv sa ap pale?
  - *Liv sa se sou santi ou pè.*
  - *Liv sa se sou kisa santi ou pè sanble oswa tankou kijan li fè ou santi.*
- Kisa mwen vle aprann sou sijè sa?
  - *Mwen vle aprann kisa pou mwen fè si mwen santi mwen pè.*
  - *Mwen vle aprann kisa santi ou pè sanble.*

Pandan Lekti:

- Mwen mande poukisa...
  - *Mwen mande poukisa nou kriye lè nou pè.*
  - *Mwen mande poukisa lè ou eseye yon bagay nouvo ou pè.*
- Kisa mwen te aprann jiskaprezan?
  - *Mwen te aprann ke pè se yon emosyon.*
  - *Mwen te aprann ke gen moun ki rele lè yo pè.*

Aprè Lekti:

- Ki detay mwen te aprann sou sijè sa?
  - *Mwen te aprann ke li bon pou di yon moun ou pè.*
  - *Mwen te aprann ke tout moun ka santi yo pè de yon bagay.*
- Li liv la ankò epi chèche mo vokabilè yo.
  - *Mwen wè mo* ***kache*** *nan paj 6, ak mo* ***tanpèt*** *nan paj 8.*
    Lòt mo vokabilè yo wap jwenn nan paj 14.

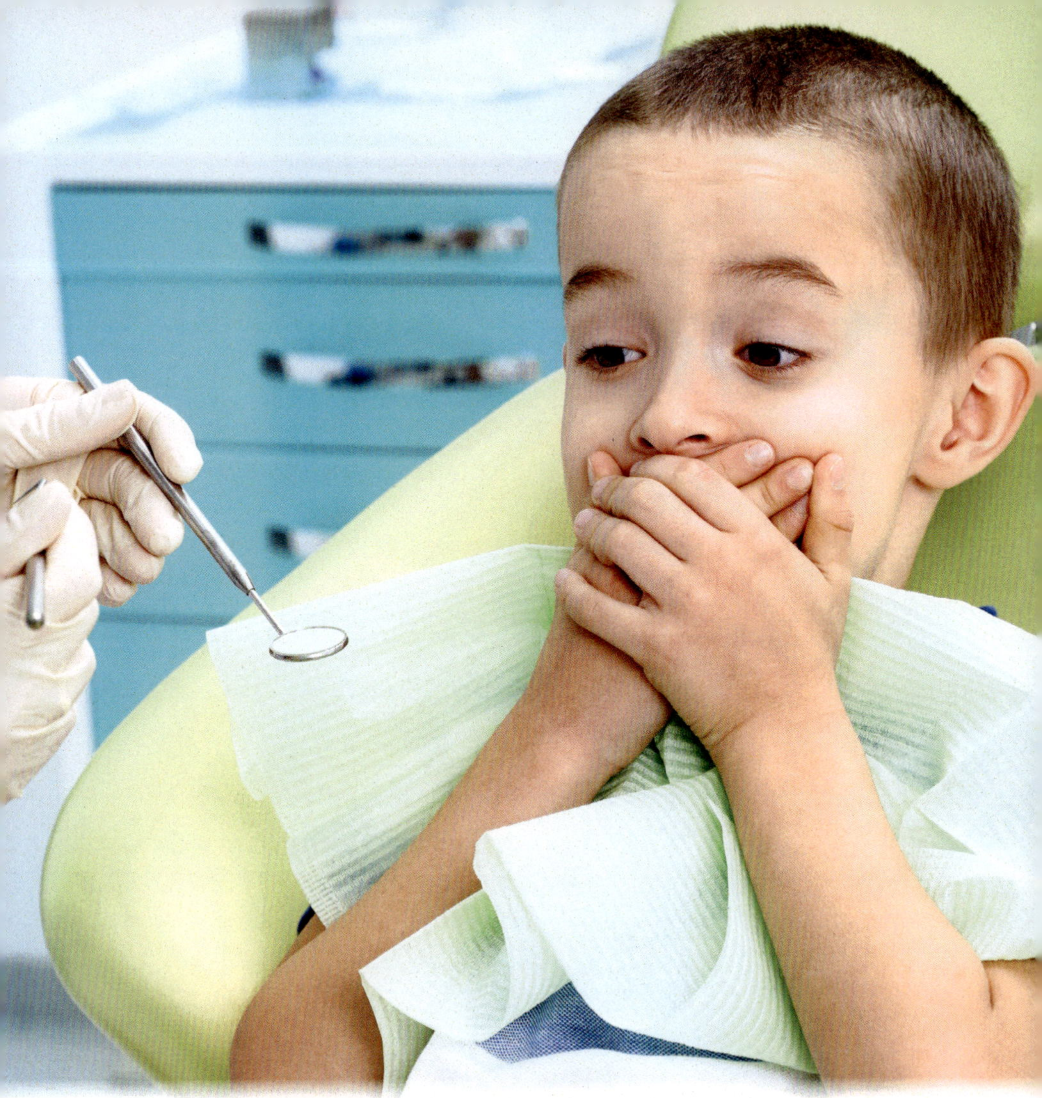

Ki sa ki fè ou **pè**?

Mwen pè nan
fè **nwa**.

Mwen ale **kache**
lè mwen pè.

Mwen pè **tanpèt**.

Mwen **kriye**
lè mwen pè.

Mwen ale jwenn
manman mwen
lè mwen pè.

Ki sa ki fè ou pè?

Lis Pawòl

Mo timoun rekonèt lè yo fèk kòmanse li

ale
jwenn
kisa
lè
mwen
nan
ou

Mo pouw Konnen

kache

kriye

manman

nwa

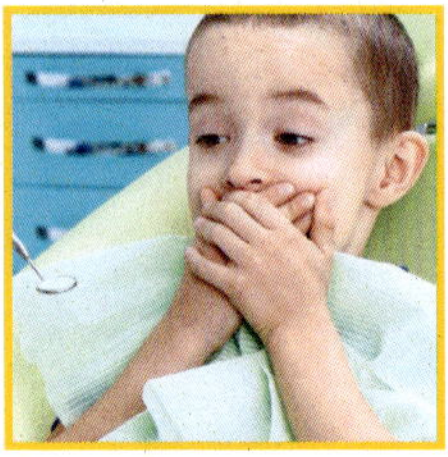

pè

tanpèt

38 Mo

Kisa ki fè ou **pè**?

Mwen pè nan fè **nwa**.

Mwen ale **kache** lè mwen pè.

Mwen pè **tanpèt**.

Mwen **kriye** lè mwen pè.

Mwen ale jwenn **manman** mwen lè mwen pè.

Ki sa ki fè ou pè?

Emosyon Mwen Yo

PÈ

Ekri pa: Amy Culliford
Ki fèt pa: Rhea Wallace
Devlopman Seri a pa: James Earley
Korektè: Ellen Rodger
Konsiltan Edikasyon: Christina Lemke M.Ed.
Tradui pa: Jean-Pierre Gaston

Photographs:
Shutterstock: Juan Pablo Gonzaález: cover; TY Ilm: p. 1; Aleksandr Rybalko: p. 3, 14; Kryzhov: p. 5, 14; justoomm: p. 7, 14; HelloRF Zcool: p. 8, 14; fizkes: p. 9, 14; Inna Ska: p. 13

Crabtree Publishing

crabtreebooks.com 800-387-7650

Paperback	978-1-0396-2226-5
Ebook (pdf)	978-1-0396-2232-6
Epub	978-1-0396-2238-8
Read-along	978-1-0396-2244-9
Audio book	978-1-0396-2250-0

Printed in Canada/022024/CPC

Pibliye nan Kanada
Crabtree Publishing
616 Welland Ave.
St. Catharines, Ontario
L2M 5V6

Pibliye Ozetazini
Crabtree Publishing
347 Fifth Avenue,
Suite 1402-145
New York, NY, 10016

Library and Archives Canada Cataloguing in Publication
Available at the Library and Archives Canada

Library of Congress Cataloging-in-Publication Data
Available at the Library of Congress